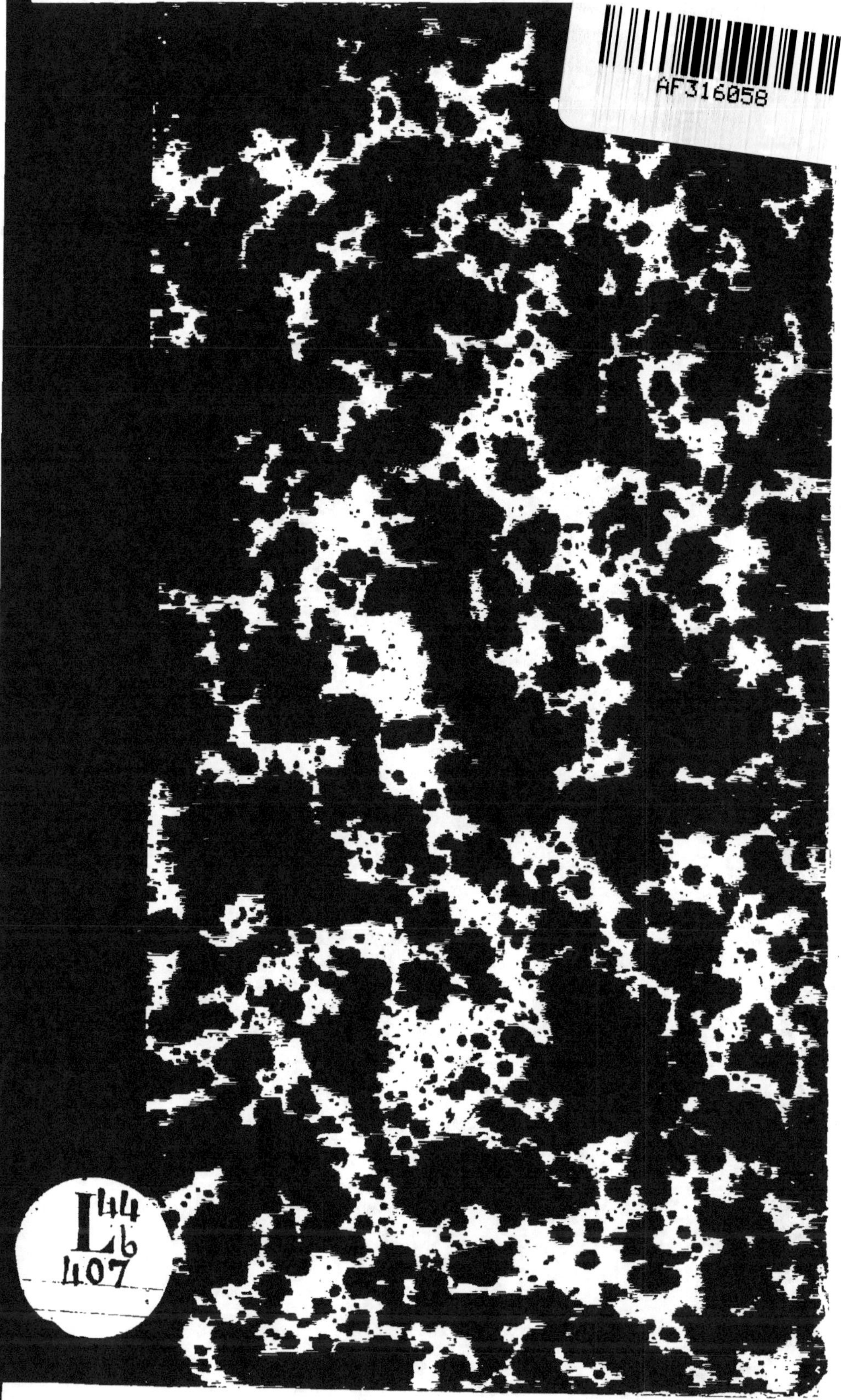
AF316058

L⁴⁴b
407

Lb 44 . 407.

CÉRÉMONIES ET FÊTES

DU SACRE

ET

DU COURONNEMENT

DE LEURS MAJESTÉS IMPÉRIALES

NAPOLÉON Ier.

ET SON AUGUSTE ÉPOUSE;

Contenant les Cérémonies qui ont eu lieu à Notre-Dame le 11 frimaire an 12, 2 décembre 1804; les Fêtes du 12 du même mois, 3 décembre, sur la place de la Concorde et les Boulevards; la Cérémonie de la distribution des Aigles aux Députations des Gardes nationales et aux différens Corps de l'armée, au Champ-de-Mars, le 14 frimaire, 5 décembre; celle du dîner que leurs Majestés Impériales ont donné le même jour au château des Tuileries, et où ont assisté Sa Sainteté le Pape Pie VII et autres Souverains en ce moment à Paris; celle des présentations à Leurs Majestés Impériales des différentes Députations venues pour la cérémonie du Sacre; enfin les cérémonies et fêtes qui ont eu lieu au palais du Sénat conservateur et à l'Hôtel-de-Ville de Paris, les 22 et 25 frimaire, 13 et 16 décembre 1804.

~~~~~~~~~~~~~~~~~~

A PARIS;

A la Librairie Économique, rue de la Harpe, no. 117, ancien collége d'Harcourt,

Et chez tous les Marchands de Nouveautés.
~~~~~~~~~~~~~~~~~~

A V I S.

Le public est prévenu qu'il paroîtra incessamment, à la
même adresse, un nouvel ouvrage, ayant pour titre :
CÉRÉMONIAL DE L'EMPIRE FRANÇAIS, vol. *in-8°.*, qui con-
tiendra le cérémonial relatif à l'Empereur et à sa maison, à
celle de l'Impératrice, des Princes et Princesses français, des
Grands-Dignitaires de l'Empire, des Ministres, des Grands
Officiers de l'Empire, du Sénat conservateur, du Conseil
d'état, du Corps Législatif, du Tribunat, des Colléges électoraux, de la Haute-Cour Impériale, de la Cour de Cassation
et des autres Cours de Justice ; de leurs attributions, des
honneurs à leur rendre, de leur rang dans les cérémonies, et
de leurs différens costumes.

Il traitera des Ambassadeurs français et étrangers, des Préfets, des Cérémonies publiques en général ; de la Légion
d'honneur, des honneurs à rendre à ses Grands Officiers, etc.
de l'Armée de terre et de mer, des honneurs à rendre aux différens Généraux, de la manière de les recevoir, de leurs uni-
formes et de celui de chaque Arme ; des honneurs à rendre au
Saint-Sacrement, aux Evêques, Archevêques, etc.

De l'étiquette de la Cour Impériale, des sermens à prêter
par l'Empereur et tous les Fonctionnaires de l'Empire, des
formules pour les Décrets Impériaux, Arrêtés du Conseil
d'état, Jugemens des différens Tribunaux, etc.

Un chapitre particulier sera consacré à donner la manière
de parler, d'adresser des pétitions et d'écrire à toutes les
Autorités Civiles et Militaires de l'Empire, Ambassadeurs
des Puissances étrangères, à ses supérieurs et inférieurs dans
toutes les classes.

On y trouvera l'origine des différens titres accordés dans
l'Empire français et dans quelques couronnes étrangères, celle
abrégée des Ordres Civils et Militaires, quelques détails sur
les cérémonies adoptées dans les Sacres et Couronnemens en
général.

Les costumes de tous les Fonctionnaires de l'Empire françois, de celui des Agens des relations commerciales, leur
nombre et leurs attributions ; on y traitera aussi des armoiries,
Etendards et Pavillons des différentes Puissances de l'Europe, etc., etc., etc.

CÉRÉMONIAL
DU SACRE
ET
DU COURONNEMENT

DE LEURS MAJESTÉS IMPÉRIALES.

LE jour du couronnement, dimanche 11 frimaire de l'an 13, à la pointe du jour, une salve d'artillerie annonça la fête ; cette salve fut répétée d'heure en heure jusqu'au soir.

Les députations militaires et de la garde nationale se réunirent à la place Dauphine, à six heures. Les membres de ces députations désignés pour être placés dans l'église, s'y rendirent à sept heures ; les autres bordèrent la haie dans les lieux où devoit passer le cortége, qui leur furent indiqués par le gouverneur de Paris.

La cour de cassation, la comptabilité nationale, les membres des tribunaux et des administrations, et ceux des députations électorales, ainsi que tous autres fonctionnaires appelés par lettres closes, se réunirent à sept heures au palais de justice, d'où ils se rendirent, à pied, à la métropole par le grand escalier du palais de justice, la rue de la Barillerie, à droite, les rues de la Calendre, St.-Christophe et le Parvis Notre-Dame; ils y furent rendus à huit heures.

Le Sénat partit de son palais à huit heures précises, et se rendit à Notre-Dame par les rues de Tournon, des Quatre-Vents, de l'Égalité, des Fossés-Saint-Germain, la rue de Thionville, le Pont-Neuf, le quai des Orfèvres, la rue St.-Louis, le Marché-Neuf, la rue Neuve-Notre-Dame et le Parvis.

Le Conseil d'état sortit des Tuileries à la même heure, et s'y rendit par la place du Carousel, les rues St.-Nicaise, St.-Honoré, du Roule, le Pont-Neuf, le quai des Orfèvres, la rue St.-Louis, le Marché-Neuf, la rue Neuve-Notre-Dame et le Parvis.

Le Corps législatif partit à la même heure, et s'y rendit par la rue de Bourgogne, les quais Bonaparte, Voltaire, Malaquais, des Quatre-Nations, de la Monnoie, le Pont-Neuf, le quai des Orfèvres, la rue St.-Louis, le Marché-Neuf, la rue Neuve-Notre-Dame et le Parvis.

Le Tribunat partit à la même heure, et s'y rendit par les rues St.-Honoré, du Roule, le Pont-Neuf, le quai des Orfèvres, la rue St.-Louis, le Marché-Neuf, la rue Neuve-Notre-Dame et le Parvis; chacun de ces corps avoit une escorte de cent hommes à cheval.

Le Corps diplomatique se réunit chez un de ses membres pour aller à l'église, et y fut rendu à neuf heures dans la tribune qui lui étoit destinée; il étoit escorté par cent hommes de troupes à cheval.

Le cortége du Pape partit des Tuileries à neuf

heures, et s'y rendit par la place du Carousel, les rues St.-Nicaise, St.-Honoré, du Roule, le Pont-Neuf, le quai des Orfèvres, la rue St.-Louis, le Marché-Neuf, la rue Neuve-Notre-Dame et le Parvis.

Sa Sainteté descendit de sa voiture dans la grande cour de l'archevêché. S. E. le cardinal archevêque de Paris étoit au bas du grand escalier, revêtu des habits cardinalitiaux, c'est-à-dire, de la soutane, du rochet, du manteau et de la mosette, y reçut le Souverain Pontife et le conduisit dans la grande salle de l'archevêché.

Les cardinaux, archevêques et évêques français étoient réunis dans cette même salle, revêtus de leurs ornemens pontificaux; savoir: les cardinaux, de l'amict, du rochet et d'une chasuble, sans étolé et sans manipule, avec leur mitre; le cardinal évêque, assistant, étant seul en chape, les archevêques et évêques portoient le rochet, la chape et la mitre blanche.

Tous les autres ecclésiastiques devant servir à la cérémonie se trouvoient également dans cette salle, revêtus des ornemens convenables à leurs fonctions.

Quatre tables étoient dressées dans cette même salle.

Sur la première, plus grande que les autres, et revêtue d'un tapis qui descendoit jusqu'à terre, étoient déposés les ornemens de Sa Sainteté, ses deux mitres et sa tiare.

Sur une seconde table, placée à peu de distance de la première, étoient placés les ornemens du cardinal diacre et du prélat sous-diacre.

Sur une troisième étoient les ornemens du diacre et du sous-diacre grecs.

Enfin la quatrième portoit les sept chandeliers devant servir aux sept acolytes.

Il y avoit en outre des banquettes revêtues de tapis, pour les cardinaux, archevêques et évêques.

Pendant que Sa Sainteté recevoit les ornemens des mains des prélats qui l'entouroient, le cardinal archevêque de Paris, revêtu de la chape cardinalitiale, se rendoit dans son église pour recevoir Sa Sainteté et le clergé de France, à la tête de son chapitre.

Sa Sainteté s'étant revêtue de ses ornemens, se rendit à l'église ; elle étoit précédée de sa croix, portée par un sous-diacre (1) apostolique, revêtu d'une tunique. Deux chapelains secrets du Pape portoient ses deux mitres, et marchoient devant la croix, le thuriféraire portant devant la croix l'encensoir et la navette.

Sept acolytes (2) portoient des chandeliers avec leurs cierges à côté de la croix ; quatre à droite et trois à gauche.

Le sous-diacre latin marchoit après les acolytes, au milieu du diacre et du sous-diacre grecs.

Après lui venoient sur deux lignes, dans l'ordre de leur institution canonique, et la mitre sur la tête, d'abord les évêques, ensuite les archevêques, puis les cardinaux, vêtus ainsi qu'il a été dit ci-dessus.

---

(1) Cette fonction est remplie par un des prélats de la suite de Sa Sainteté.

(2) Ces fonctions, ainsi que celles de thuriféraire, sont remplies, à Rome, par des prélats de la signature ; et hors de Rome, par les chanoines des cathédrales, qui, pendant la cérémonie, demeurent assis sur les marches du trône de Sa Sainteté.

Sa Sainteté fermoit la marche ; elle étoit revêtue d'une chape, la tiare sur la tête, et placée au milieu des deux cardinaux diacres assistans, qui soutenoient de chaque côté les bords de sa chape. Devant elle marchoient le cardinal évêque assistant, en chape, et le cardinal diacre de l'évangile, en dalmatique.

Une garde d'honneur l'entouroit.

Dès que la procession fut arrivée à la porte de l'église, le clergé y entra, et alla, sans s'arrêter, prendre ses places.

Le cardinal archevêque de Paris présenta l'aspersoir au Souverain Pontife, qui fit une aspersion sur le clergé et sur le peuple ; Sa Sainteté passa ensuite au milieu du chapitre rangé sur deux lignes, et se rendit au sanctuaire, conduite sous un dais porté par les chanoines. On chanta, pendant l'entrée de Sa Sainteté dans l'église, l'antienne *Tu es Petrus*.

Le chapitre ne rentra dans le chœur que lorsque Sa Sainteté fut rendue à son trône.

Deux heures avant l'arrivée de Sa Sainteté dans l'église, tous les corps et fonctionnaires publics dont nous avons parlé s'y étoient rendus et avoient pris leurs places où les avoient conduits les maîtres et aides des cérémonies.

A dix heures du matin, l'Empereur partit du palais des Tuileries pour se rendre à Notre-Dame, au milieu d'une haie de troupes. Une salve d'artillerie annonça son départ. Il prit par le Carousel, la rue St.-Nicaise, la rue St.-Honoré, la rue du Roule, le Pont-Neuf, le quai des Orfèvres, la rue St.-Louis, la rue du Marché-Neuf et celle du Parvis-Notre-Dame.

La marche du cortége impérial étoit ouverte par

huit escadrons de cuirassiers, huit de carabiniers, et par les escadrons des chasseurs de la garde, entremêlés de pelotons de mameluks. M. le maréchal gouverneur de Paris étoit avec son état-major à la tête de ces troupes.

Le cortége marchoit dans l'ordre suivant :

Les hérauts d'armes à cheval ;

Une voiture où étoient les maîtres et aides des cérémonies ;

Quatre voitures, les grands officiers militaires de l'Empire ;

Trois voitures, les ministres ;

Une voiture, le grand chambellan, le grand écuyer et le grand maître des cérémonies ;

Une voiture, LL. AA. SS. l'archi-chancelier et l'archi-trésorier ;

Une voiture, les princesses ;

La voiture de l'Empereur, dans laquelle étoient LL. MM. II. et LL. AA. II. les princes Joseph et Louis ;

Une voiture, le grand aumônier, le grand maréchal du palais et le grand veneur ;

Une voiture, la dame d'honneur, la dame d'atours, le premier écuyer et le premier chambellan de l'Impératrice ;

Deux voitures, huit dames du palais ;

Une voiture, deux autres dames du palais et deux chambellans ;

Trois voitures, les officiers civils de l'Empereur et de l'Impératrice.

Quatre voitures, les dames et officiers de LL. AA. II. les princes et princesses.

Toutes ces voitures étoient à six chevaux.

La voiture de l'Empereur étoit attelée de huit chevaux ; les maréchaux colonels-généraux de la garde
étoient à cheval, près des deux portières de l'Empereur ;

Le maréchal commandant la gendarmerie, à cheval,
derrière la voiture ;

Les aides-de-camp, à la hauteur des chevaux ;

Les écuyers, aux roues de derrière.

Le cortége étoit fermé par les grenadiers à cheval
de la garde , entremêlés de pelotons de canonniers
à cheval, et par un escadron de la gendarmerie
d'élite.

Le cortége Impérial, en arrivant sur la place de
Notre-Dame, tourna à gauche du portail par la rue
du Cloître. LL. MM. et leur cortége descendirent de
voiture à la petite porte de l'archevêché ; se rendirent
de là, par l'intérieur des bâtimens, dans les appartemens qui étoient préparés pour les recevoir. L'Empereur s'y habilla (1).

Lorsque l'Empereur fut revêtu de ses ornemens
impériaux, il revint de l'archevêché par une galerie
qui en traversoit les cours et aboutissoit au portail
de l'église, à l'entrée de laquelle il fut reçu par
les cardinaux, archevêques et évêques français,

---

(1) Pendant que l'Empereur se revêtissoit , à l'Archevêché,
de ses habits et ornemens impériaux , Sa Sainteté disoit les
tierces et autres prières.

Pendant ce temps aussi, les Dames du palais, les Dames
des princesses , les officiers civils des Princes et ceux des
Princesses qui ne devoient pas les suivre dans la nef, se
rendirent aux tribunes qui leur étoient destinées.

précédés du maître des cérémonies ecclésiastiques et de ses adjoints.

Cette marche de l'archevêché à l'église, se fit dans l'ordre suivant, avec dix pas de distance entre chaque groupe :

Les huissiers, sur quatre de front ;

Les hérauts d'armes, sur deux de front ;

Le chef des hérauts d'armes ;

Les pages, sur quatre de front ;

Les aides des cérémonies ;

Les maîtres des cérémonies ;

Le grand maître des cérémonies ;

Un maréchal, portant l'anneau de l'Impératrice sur un coussin ;

Un maréchal, portant la corbeille qui devoit recevoir le manteau de l'Impératrice ;

Un maréchal, portant sur un coussin, la couronne de l'Impératrice ;

A la droite et à la gauche de chacun de ces trois grands officiers, un chambellan ou un écuyer de l'Impératrice ;

L'Impératrice avec le manteau impérial, mais sans anneau et sans couronne ;

Les Princesses soutenant son manteau ;

Le premier écuyer et le premier chambellan de l'Impératrice, l'un à sa droite, l'autre à sa gauche, et un peu en arrière de la Princesse, qui marchoit la première ; le manteau de chaque Princesse étoit soutenu par un officier de sa maison ;

La dame d'honneur et la dame d'atours de l'Impératrice ;

Un maréchal, portant la couronne de *Charlemagne;*

Un maréchal, le sceptre de *Charlemagne* ;

Un maréchal, l'épée de *Charlemagne* ;

Un maréchal, le collier de l'Empereur ;

Un colonel général, l'anneau de S. M. ;

Un maréchal, le globe impérial ;

Le grand chambellan, portant la corbeille destinée à recevoir le manteau de l'Empereur ;

A la droite et à la gauche de chacun de ces grands officiers, un chambellan ou un aide-de-camp de Sa Majesté ;

L'Empereur, portant dans ses mains le sceptre et la main de justice, et la couronne sur la tête ;

Les Princes et dignitaires soutenant le manteau de l'Empereur ;

Le grand écuyer, le colonel-général de la garde, de service, et le grand maréchal, tous les trois de front ;

Les trois autres colonels-généraux de la garde étoient mêlés parmi les maréchaux de l'empire ;

Les ministres, sur quatre de front ;

Les grands officiers militaires, *idem*.

Lorsque LL. MM. furent arrivées au portail, un cardinal présenta l'eau bénite à l'Impératrice ; le cardinal archevêque la présenta à l'Empereur : ils complimentèrent LL. MM., et les conduisirent chacune processionnellement, sous un dais porté par des chanoines, jusqu'à leurs fauteuils.

La marche, depuis le portail jusqu'à l'entrée du chœur, en tournant à la droite du trône, continua dans le même ordre ; les ministres et les grands officiers militaires qui suivoient l'Empereur, tournèrent à gauche du trône, et allèrent se placer sur les gradins, près de ce trône, dès que le cortége de **LL. MM.** fut passé.

En arrivant à la porte du chœur, les huissiers, et successivement les hérauts d'armes, les pages, les aides et un maître des cérémonies, et les officiers civils, s'arrêtèrent et bordèrent la haie à droite et à gauche dans la nef.

Lorsque le cortége impérial fut entré dans le chœur, la partie qui étoit restée dans la nef, se rangea en ordre inverse par la contre-marche, de manière à se trouver placée dans l'ordre ci-dessus détaillé, pour accompagner **LL. MM.** lorsqu'elles iroient au grand trône.

Le reste du cortége continua sa marche depuis la porte du chœur jusqu'aux degrés du sanctuaire.

Avant d'arriver à ces degrés, les grands officiers qui précédoient l'Impératrice, se rangèrent à gauche, et ceux qui précédoient l'Empereur, se rangèrent à droite, pour laisser passer **LL. MM.** dans le sanctuaire; ces grands officiers reprirent ensuite les places que nous indiquerons plus bas.

L'Empereur et l'Impératrice allèrent se placer sur leurs fauteuils (1), dans le sanctuaire, sous le dais; l'Impératrice à la gauche de l'Empereur.

Les places autour des trônes de **LL. MM.** étoient disposées ainsi qu'il suit :

Derrière l'Empereur, les deux princes et les deux grands dignitaires;

---

(1) Au milieu du chœur étoient deux fauteuils pour l'Empereur et l'Impératrice, avec un dais, des prié-dieux et des cárreaux de velours devant **LL. MM.**

Derrière les princes, le colonel-général de la garde, le grand maréchal et les deux grands officiers portant l'anneau et le collier de l'Empereur ;

A droite des princes, et en obliquant en avant, le grand chambellan et le grand écuyer ;

Derrière eux, deux chambellans ;

Derrière l'Impératrice, les princesses ;

Derrière les princesses, les trois grands officiers portant l'anneau, le manteau et la couronne de l'Impératrice ;

A gauche des princesses, et en obliquant en avant, la dame d'honneur, la dame d'atours, le premier écuyer et le premier chambellan de l'Impératrice ;

Le grand maître des cérémonies à la droite près de l'autel ;

Le maître des cérémonies à gauche près du trône du Pape et de l'autel.

LL. MM. ainsi placées, les grands officiers portant le globe impérial et les honneurs de *Charlemagne*, allèrent se ranger de front en face de l'autel, au bas de la dernière marche du sanctuaire.

Au moment où LL. MM. entrèrent dans le chœur, le Pape descendit de son trône (1), alla à l'autel, et commença le *Veni Creator.*

Pendant cette hymne, l'Empereur et l'Impératrice firent leur prière sur leur prié-dieu, et se levèrent ;

____

(1) Près de l'autel, du côté de l'évangile, le Pape, entouré de ses grands officiers, étoit placé sur un trône.

De l'autre côté de l'autel, les cardinaux.

Des deux côtés du chœur, les archevêques, les évêques et le clergé de Paris.

l'archi-chancelier passa à la droite de l'Empereur, salua successivement l'autel et S. M., s'approcha pour que l'Empereur lui remît la main de justice ; et sans tourner le dos ni à S. M. ni à l'autel, il recula à droite et en avant du grand chambellan.

L'Archi-trésosier suivit la même marche, reçut le sceptre, et alla se placer à gauche et au-dessous de de l'archi-chancelier, entre lui et le grand chambellan.

Après lui, le grand électeur ôta la couronne, et alla se placer à la droite de l'archi-chancelier.

Le grand officier devant porter le collier, s'approcha du grand chambellan, qui ôta le collier, et le lui remit.

Le grand chambellan, le grand écuyer et deux chambellans s'approchèrent ensuite, détachèrent le manteau, le ployèrent sur leurs corbeilles, et reprirent leurs places.

Le connétable s'approcha de même ; l'Empereur tira son épée et la lui remit : le connétable se plaça à gauche du grand électeur, entre lui et l'archi-chancelier.

Enfin, le grand officier devant porter l'anneau, alla le recevoir des mains du grand chambellan, et se plaça à sa gauche et à celle du grand écuyer.

Pendant ce temps, le grand officier devant porter la couronne de l'Impératrice, s'approcha à sa gauche ; la dame d'atours ôta la couronne, et la donna au grand officier, qui se plaça à la gauche de la dame d'honneur.

La dame d'honneur, la dame d'atours et l'officier portant la corbeille du manteau de l'Impératrice, s'approchèrent, détachèrent le manteau de l'Impératrice, le ployèrent sur leurs corbeilles, et reprirent leurs places.

Enfin, le grand officier devant porter l'anneau, s'approcha pour le recevoir des mains de la dame d'honneur, et alla se placer à sa gauche et à celle de la dame d'atours.

Les grands dignitaires et les grands officiers ci-dessus désignés, allèrent successivement porter sur l'autel les ornemens impériaux dans l'ordre suivant :

La couronne de l'Empereur,

L'épée,

La main de justice,

Le sceptre,

Le manteau de l'Empereur,

Son anneau,

La couronne de l'Impératrice,

Son manteau,

Son anneau.

Ces grands officiers reprirent ensuite successivement leurs places derrière le fauteuil de LL. MM.

Les grands officiers portant le globe impérial et les ornemens de Charlemagne restèrent toujours à leurs places.

Lorsque le Souverain Pontife eut chanté le *Veni Creator*, il fit à l'Empereur la demande, *Profiterisne*, etc. : l'Empereur, en touchant des deux mains le livre des Évangiles que le grand aumônier lui présentoit, répondit, *Profiteor*.

On chanta les prières et litanies, pendant lesquelles LL. MM. restèrent sur le petit trône ; seulement elles se mirent à genoux en s'inclinant pendant que S. S. récita les trois versets *Ut hunc famulum tuum*, etc.

SACRE.

Le grand aumônier de France, le premier des cardinaux français archevêques, le plus ancien archevêque et le plus ancien évêque français, se rendirent auprès de LL. MM., leur firent une inclination profonde, et les conduisirent au pied de l'autel pour y recevoir l'onction sacrée ; personne ne les suivant dans cette marche.

LL. MM. se mirent à genoux au pied de l'autel sur des carreaux.

S. S. fit à l'Empereur et à l'Impératrice une triple onction, l'une sur la tête, les autres aux deux mains.

Après cette cérémonie, LL. MM. furent reconduites sur leur petit trône par les mêmes cardinaux, archevêques et évêques qui les avoient été chercher.

Les onctions de l'Empereur furent essuyées sur le petit trône par le grand chambellan, qui remit au grand aumônier le linge dont il s'étoit servi ; la Dame d'honneur qui essuya les onctions de l'Impératrice remit de même au premier aumônier de S. M. le linge qui venoit d'essuyer cette onction.

Pendant ce temps, S. S. commença la messe et la continua jusqu'au graduel inclusivement.

COURONNEMENT.

S. S. bénit les couronnes de l'Empereur et de l'Impératrice, l'épée, les manteaux et les anneaux, et prononça les prières qui accompagnent ces bénédictions ; pendant cette cérémonie, LL. MM. restèrent assises sur le petit trône.

Les bénédictions étant faites, LL. MM. se rendirent de nouveau au pied de l'autel, conduites par les mêmes cardinaux, archevêques et évêques qui les avoient accompagnées aux onctions : l'archi-chancelier, l'archi-trésorier, le grand chambellan, le grand écuyer et deux chambellans suivirent l'Empereur à l'autel, et se placèrent derrière lui ; la Dame d'honneur et la Dame d'atours suivirent l'Impératrice à l'autel, et se placèrent derrière elle ; toutes les autres personnes du cortége restèrent chacune à leurs places.

Les ornemens de l'Empereur furent portés dans l'ordre suivant :

L'anneau,

L'épée,

Le manteau,

La main de justice,

Le sceptre,

La couronne.

Le Pape fit successivement la prière analogue à chacun d'eux.

L'Empereur prit lui-même la couronne, et la posa sur sa tête.

Les ornemens de l'Impératrice furent portés dans l'ordre suivant :

L'anneau,

Le manteau,

La couronne.

Le Pape prononça la prière analogue à chacun de ces ornemens.

L'Impératrice reçut à genoux la couronne, que l'Empereur plaça sur sa tête.

Le Saint-Père se leva de son siége ; et, assisté de

ses cardinaux, il conduisit solemnellement l'Empereur et l'Impératrice au grand trône au fond de l'église (1).

L'Impératrice qui itta l'autel pour aller au grand trône; les grands officiers qui la précédoient, les princesses, les dames et les officiers qui la suivoient, reprirent le même ordre dans lequel ils étoient venus du portail au chœur; les princesses soutenant son manteau.

A la porte du chœur, les officiers civils, le maître, les aides des cérémonies, les pages, les hérauts d'armes, les huissiers, reprirent aussi leur ordre, et marchèrent jusqu'au trône, bordant la haie à mesure qu'ils en approchoient.

Les grands officiers portant les honneurs de l'Impératrice, et les officiers civils qui les accompagnoient, montèrent les degrés du trône en passant par le couloir de la droite, et se placèrent derrière le trône dans l'ordre que nous allons indiquer.

L'Empereur, entouré des princes et dignitaires, précédé des grands officiers portant ses honneurs et ceux de *Charlemagne*, et suivi par le colonel-général de la garde, le grand écuyer, le grand chambellan et le grand maréchal, prit des mains des grands dignitaires, le sceptre, la main de justice, et marcha également au grand trône; les princes et dignitaires soutenant son manteau; les grands officiers portant ses honneurs se placèrent, en arrivant, derrière le trône, ainsi que les officiers civils qui les accompagnoient; les aides-de-camp bordoient la haie à droite et à gauche,

---

(1) Le trône de l'Empereur étoit placé dans la nef, entre le quatrième et le cinquième pilier, et à la même distance du centre de l'église que le maitre-autel.

sur

sur les degrés du trône ; le grand chambellan et le grand
écuyer se placèrent sur des coussins au pied du trône ;
les princes et dignitaires passèrent à la gauche du trône
pour occuper les places qui leur étoient destinées ; le
grand maréchal et le colonel général de la garde passèrent par le couloir de la gauche pour se placer derrière l'Empereur.

Enfin , le Pape , précédé par le maître des cérémonies et par des cardinaux , et suivi par des cardinaux,
marcha après l'Empereur jusqu'au grand trône.

Lorsque S. S. y fut montée, que l'Empereur fut assis,
et que chacun eut pris sa place à droite et à gauche
autour de lui, le Pape dit la prière *In hoc Imperii
solio , etc.* Après avoir prononcé ces paroles , S. S.
baisa l'Empereur sur la joue ; et se tournant vers les
assistans , dit à haute voix , *Vivat Imperator in
æternum !* les assistans dirent : *Vive l'Empereur et
l'Impératrice!*

S. S. fut reconduite alors à son trône avec son
cortége par le grand maître des cérémonies , précédée
des huissiers , des hérauts d'armes , des maîtres et
aides des cérémonies.

Dès que S. S. fut descendue du trône de l'Empereur ,
les pages allèrent se placer sur les marches du trône.

Les places autour du trône de l'Empereur étoient
disposées dans l'ordre suivant :

L'Empereur sur le trône ;

Un degré plus bas à sa droite , l'Impératrice sur
un fauteuil.

Un degré plus bas à la droite de l'Impératrice ,
entre les deux colonnes, les Princesses sur des chaises;

Derrière elles, la Dame d'honneur, la Dame d'atours, et des Dames du palais.

A gauche de l'Empereur, et deux degrés plus bas, entre les deux colonnes, les deux princes et les deux dignitaires à leur gauche ;

Derrière l'Empereur, le colonel général de la garde, le grand maréchal du palais ; les quatre grands officiers portant les honneurs de l'Empereur, à la droite du grand maréchal ; et les trois grands officiers portant les honneurs de *Charlemagne*, à la gauche du colonel général, s'étendant derrière les Princes, les officiers civils de l'Empereur et des Princes derrière ces grands officiers, tous debout (1).

---

(1) A la droite des marches du trône étoient les ministres ; à gauche les maréchaux et les inspecteurs et colonels généraux grands officiers ; les membres du conseil d'état à droite et à gauche, plus bas que les ministres et les maréchaux. Le grand maître des cérémonies étoit au pied du trône à droite ; derrière lui les deux aides des cérémonies ; derrière les aides, le chef des hérauts d'armes et deux hérauts ; vis-à-vis du grand maître, les deux maîtres des cérémonies, et derrière eux deux hérauts.

Les sénateurs en avant du trône, moitié sur le côté droit, et moitié sur le côté gauche de la nef ; le président à la première place du côté du trône ; après lui, les chancelier, trésorier et préteurs du sénat ;

A droite et à gauche, à la suite du sénat, les législateurs ; le président et les questeurs aux premières places du côté du trône ;

A leur droite et à leur gauche, les tribuns, les membres de la cour de cassation, les grands officiers de la légion d'honneur, les commissaires de la comptabilité nationale, les généraux de division, les présidens et procureurs généraux de cours d'appel, les présidens de colléges électoraux de département, les préfets

Le Pape continua la messe.

A la fin de l'évangile, le grand maître des cérémonies invita le grand aumônier, par une inclination,
à se rendre à l'autel ; il y reçut du diacre le livre des
évangiles : accompagné par les aumôniers de l'Em-

---

maritimes, les préfets de département, les présidens et procureurs généraux de cours criminelles ; les généraux de bri-
gade, les présidens de conseils généraux de département, les
présidens de colléges d'arrondissement, les sous-préfets, les
maires des trente-six principales villes, Paris, Marseille,
Bordeaux, Lyon, Rouen, Turin, Nantes, Bruxelles,
Anvers, Gand, Lille, Toulouse, Liége, Strasbourg, Aix-
la-Chapelle, Orléans, Amiens, Angers, Montpellier, Metz,
Caen, Alexandrie, Clermont, Besançon, Nancy, Versailles,
Rennes, Genève, Mayence, Tours, Bourges, Grenoble,
la Rochelle, Dijon, Rheims et Nice ; les présidens de canton,
les présidens de consistoires et les vice-présidens des chambres
de commerce.

A droite du trône, la tribune impériale.

A côté, dans une tribune, les dames et officiers des Princes
et Princesses, à l'exception de ceux qui formoient leur suite.

Vis-à-vis, à gauche du trône, la tribune du corps diplomatique étranger et français.

Il y avoit, de plus, des tribunes pour les familles des grands
dignitaires, pour les étrangers présentés, pour les familles des
ministres et du gouverneur de Paris, pour celles des grands
officiers, des officiers civils, des sénateurs, des conseillers
d'état, des législateurs, des tribuns, des grands officiers de
la légion d'honneur, des membres de la cour de cassation et
de la comptabilité nationale, pour l'état-major de Paris, pour
les bureaux de l'institut national, et enfin, pour les préfectures de la Seine et de police, et les administrations tant
ministérielles que générales.

Les deux rangs de tribunes du haut étoient occupés par les
députations militaires et des gardes nationales.

2 *

pereur et les aumôniers de l'Impératrice, précédé par le grand maître, les maîtres et aides des cérémonies, il porta l'évangile à baiser à LL. MM., et le reporta ensuite à l'autel entre les mains du Diacre, toujours accompagné de la même manière.

A l'offertoire, le grand maître des cérémonies fit une inclination profonde à LL. MM., pour les avertir de se rendre à l'offrande ;

Cinq Dames du palais portant un cierge où étoient incrustées treize pièces d'or ;

Un autre cierge, avec même nombre de pièces d'or ;

Le pain d'argent ;

Le pain d'or ;

Le vase,

Quittèrent successivement leurs places pour prendre, au bas des degrés du trône, ces diverses offrandes qui leur furent présentées.

L'Empereur et l'Impératrice descendirent en même temps du trône : l'Impératrice, suivie par les princesses portant son manteau, par la dame d'honneur, la dame d'atours et par le grand officier destiné à recevoir sa couronne, accéléra sa marche de manière à précéder l'Empereur au bas de l'escalier ; l'Empereur marcha plus lentement, suivi par les princes et dignitaires soutenant son manteau, par son colonel général, par son grand maréchal, et précédé par son grand chambellan et son grand écuyer ; ainsi, en partant du bas des degrés du trône, la marche jusqu'au chœur se fit dans l'ordre suivant :

Les huissiers,

Les hérauts d'armes,

Les pages,

Les aides des cérémonies,

Les maîtres des cérémonies,

Le grand maître des cérémonies,

Les offrandes dans l'ordre ci-dessus indiqué,

L'Impératrice, suivie comme il a été dit ci-dessus,

Le grand chambellan et le grand écuyer de l'Empereur,

L'Empereur et sa suite, telle qu'on l'a dit plus haut.

En approchant de la porte du chœur, les mêmes personnes qui, dans la première marche, avoient bordé la haie, la bordèrent encore : l'Impératrice et l'Empereur continuèrent, avec le reste du cortége, leur marche jusqu'au pied de l'autel ; l'Impératrice se plaça à gauche de l'Empereur, à genoux sur des coussins ; les personnes portant les offrandes se rangèrent à leur droite et un peu en arrière en bordant la haie, le grand maître des cérémonies à droite, un maître des cérémonies à gauche. Les suites de l'Empereur et de l'Impératrice, en entrant dans le sanctuaire, quittèrent les manteaux de LL. MM., et allèrent prendre dans le sanctuaire la place qu'elles occupoient pendant les cérémonies de l'onction et du couronnement. LL. MM. gardèrent leurs couronnes sur leurs têtes, prirent les offrandes, dans l'ordre indiqué pour la marche, des mains de ceux qui les portoient, et les présentèrent à S. S. ; elles allèrent ensuite s'asseoir sur leur petit trône.

A l'élévation, le grand Électeur ôta la couronne de l'Empereur, et la dame d'honneur celle de l'Impératrice.

A l'*Agnus Dei*, le grand aumônier alla recevoir le baiser de paix de S. S., *cum instrumento pacis*, et le porta à LL. MM.

Après la communion, LL. MM. retournèrent au grand trône dans l'ordre qui avoit été suivi pour aller à l'offrande.

Le Pape continua la messe.

La messe finie, le grand aumônier, averti par le grand maître des cérémonies, apporta de nouveau à l'Empereur le livre des évangiles et se tint debout à la gauche de S. M. Le président du sénat, ayant à sa droite le président du corps législatif, et à sa gauche celui du tribunat, apporta à S. M. la formule du serment constitutionnel : après la lui avoir présentée, ils se rangèrent à la gauche du trône sur les trois premières marches, le grand maître des cérémonies se tenant de l'autre côté de l'escalier, vis-à-vis le président du sénat.

L'Empereur, assis, la couronne sur la tête et la main levée sur l'Évangile, prononça le serment.

Le chef des hérauts d'armes, averti par l'ordre du grand maître, dit ensuite d'une voix forte et élevée : *Le très-glorieux et très-auguste Empereur Napoléon, Empereur des Français, est couronné et intronisé, vive l'Empereur !* Les assistans répétèrent le cri de *vive l'Empereur !* en y joignant celui de *vive l'Impératrice !* Une décharge d'artillerie annonça le couronnement et l'intronisation de LL. MM.

Pendant ces acclamations, les présidens du sénat, du corps législatif et du tribunat, allèrent reprendre leurs places ; le grand aumônier retourna au chœur, et le Pape entonna le *Te Deum*.

Pendant le *Te Deum*, le secrétaire d'état dressa le procès-verbal de la prestation du serment de l'Empereur ; le grand électeur appela les présidens du sénat, du corps législatif et du tribunat, pour le signer ; l'archi-chancelier le présenta à la signature de l'Empereur, des princes et des grands dignitaires ; le secrétaire d'état le fit signer par les grands officiers, et l'archi-chancelier le visa.

Après cette formalité, le clergé revint au pied du trône avec le dais pour reconduire LL. MM. ; lorsque le clergé fut en marche pour arriver au trône,

Les huissiers,

Les hérauts d'armes,

Les pages,

Les aides des cérémonies,

Les maîtres des cérémonies,

Le grand maître des cérémonies,

s'avancèrent par la droite du trône pour rejoindre le portail et la galerie ; les grands officiers portant les honneurs de l'Impératrice passèrent successivement par le couloir de la droite , descendirent l'escalier, et allèrent reprendre leur ordre devant le dais de l'Impératrice. L'impératrice descendit du trône , suivie des princesses, de sa dame d'honneur, de sa dame d'atours, de ses dames du palais, et des officiers des princesses.

Ensuite elle se mit sous son dais , et continua la marche jusqu'à l'archevêché.

Les sept grands officiers portant les honneurs de l'Empereur , passèrent successivement par le couloir de gauche , et allèrent reprendre devant son dais le rang qu'ils occupoient en venant de l'archevêché à l'église.

L'empereur reprit des mains de l'archi-chancelier et de l'archi-trésorier le sceptre et la main de justice , et descendit du trône , suivi par les princes et dignitaires portant son manteau , et par les grands officiers qui le suivoient en venant à l'église : lorsqu'il sortit de la nef, les ministres et les maréchaux reprirent pareillement leur rang dans le cortége pour retourner à l'archevêché.

Lorsque **LL. MM.** furent rendues à l'archevêché, le Pape y fut reconduit aussi sous le dais par le clergé.

L'Empereur et le Pape retournèrent aux Tuileries dans l'ordre où ils étoient venus, en prenant par le Parvis Notre-Dame, la rue du Parvis, la rue du Marché-Neuf, la rue de la Barillerie, le Pont-au-Change, la place du Châtelet, la rue Saint-Denis, les boulevards, la rue et la Place de la Concorde, le Pont-Tournant et le Jardin des Tuileries. Leur cortège étoit éclairé par cinq cents torches. Le soir, le Jardin des Tuileries, les principaux édifices de la ville et les boulevards furent illuminés. Des flammes de Bengale furent allumées sur les édifices les plus élevés.

Lundi 12 frimaire , sur la place de la Concorde , entre quatre salles préparées pour la danse, étoit sur un piédestal , un vaste trophée, orné de drapeaux, qui s'éleva dans les airs à midi , au milieu de quatre ballons, qui détonnèrent à une certaine hauteur , et laissèrent retomber majestueusement le trophée. Sur le boulevard, s'élevoient de distance en distance des théâtres et des salles de danse, un grand nombre de mâts de Cocagne et des jeux de bague ; l'ouverture de la fête fut annoncée par une salve d'artillerie ; des chars remplis de musiciens, se réunirent sur la place de la Concorde. Il y eut ensuite un

grand concert d'harmonie , suivi de chants analogues à la fête ; plusieurs hérauts d'armes à cheval
parcouroient la place de la Concorde et les boulevards,
en distribuant des médailles*, frappées à l'occasion
du couronnement (1). Les boulevards furent illuminés
le soir , en guirlandes , colonnes et verres ; des chars
illuminés de diverses couleurs les parcouroient ; les
musiciens exécutoient, chemin faisant , des fanfares
et chants d'allégresse. Il y eut à huit heures grand
feu d'artifice sur la place de la Concorde , et danse
toute la nuit.

---

*Cérémonie de la distribution des Aigles au
Champ-de-Mars , le mercredi 14 frimaire.*

L'Empereur partit à dix heures des Tuileries , dans
l'ordre qui avoit été observé , et avec le cortège qui
l'avoit accompagné le jour du couronnement. Les
chasseurs à cheval de la garde et les mameluks
ouvroient la marche ; les grenadiers à cheval et la
gendarmerie d'élite la fermoient.

Le cortège traversa le jardin des Tuileries , la place
de la Concorde, suivit le pont de la Concorde, la

---

(1) Ces médailles, d'argent, et d'un diamètre plus petit
que les quarts de francs , portent d'un côté l'effigie de l'Empereur couronné de lauriers , et pour légende, ces mots :
Napoléon Empereur ; elles représentent de l'autre côté le
souverain en pied , vêtu à la romaine , le sceptre à la main ,
élevé sur un bouclier que portent deux soldats, l'un vêtu en
romain et l'autre en gaulois. La légende est : le *sénat et le
peuple.*

place du Corps-Législatif, la rue de Bourgogne, celle de Grenelle, les boulevards neufs, et entra à l'Ecole militaire par la grille méridionale.

Le départ de LL. MM. fut annoncé par une salve d'artillerie; elles furent saluées de même à leur passage devant les Invalides, par l'artillerie des Invalides. Elles le furent encore à leur arrivée par la batterie du Champ-de-Mars.

Les membres du corps diplomatique furent admis à faire leur cour à LL. MM. dans les grands appartemens de l'Ecole Militaire.

Immédiatement après cette audience, LL. MM. prirent les ornemens impériaux et parurent sur leur trône.

Au moment où elles montèrent sur le trône, elles furent de nouveau saluées par les batteries des Tuileries, des Invalides et du Champ-de-Mars.

Les princes et dignitaires, les princesses, les ministres, les maréchaux et les grands officiers civils et militaires de la maison de l'Empereur, eurent leur place à la droite, à la gauche du trône et derrière le trône, suivant l'usage.

Les dames et officiers de l'Empereur, de l'Impératrice, des princes et des princesses, furent placés derrière LL. MM.

Les places à droite et à gauche du trône, sur la façade de l'Ecole Militaire, furent remplies par les princes étrangers, le corps diplomatique, le sénat, le conseil d'état, le corps législatif, le tribunat, la cour de cassation, et les membres de la comptabilité nationale.

Les présidens des colléges électoraux et des assemblées de canton, furent placés sur les gradins au-dessous de la galerie , ainsi que les fonctionnaires publics appelés au sacre.

Ils partirent tous à neuf heures pour se rendre à l'Ecole Militaire, dans le même ordre et avec la même escorte que le jour du sacre.

Les députations de toutes les armes de l'armée, étoient placées sur la droite et sur la gauche en colonnes serrées par pelotons.

Les députations de la garde nationale étoient en colonnes serrées dans l'intervalle du centre de la ligne.

Les Aigles étoient tous rangés sur les degrés du trône.

Chaque Aigle étoit porté par un colonel ou, en son absence, par celui qui commandoit la députation.

Les 108 drapeaux de département étoient portés par les présidens des colléges électoraux de département ; à leur défaut, par un préfet.

Tous les tambours et la musique des corps étoient placés à la tête de la première ligne.

Le grand-maître des cérémonies, placé sur la première marche, au bas et près du trône, prit les ordres de Sa Majesté, et les fit transmettre à M. le maréchal gouverneur de Paris, qui fit sur-le-champ avancer, au son de la musique, les trois colonnes des députations militaires.

Ces colonnes s'approchèrent le plus possible du trône; alors l'Empereur, adressant la parole à l'armée, dit :

Soldats, voilà vos drapeaux ; ces Aigles vous serviront toujours de point de ralliement ; ils seront par-tout où votre Empereur les jugera nécessaires pour la défense de son trône et de son peuple.

Vous jurez de sacrifier votre vie pour les défendre, et de les maintenir constamment par votre courage sur le chemin de la victoire.

Dans ce moment, les colonels qui tenoient les Aigles, les élevèrent en l'air et dirent : *Nous le jurons.* Ce serment fut répété par toutes les députations militaires et départementales, au bruit des salves d'artillerie.

Les soldats présentèrent les armes, et mirent leurs chapeaux au bout de leurs bayonnettes ; ils restèrent dans cette situation jusqu'à ce que les drapeaux eussent rejoint leurs armes.

La musique exécuta, et les tambours battirent la marche des drapeaux.

Les drapeaux arrivés à leurs corps, on fit faire demi-tour à droite aux colonnes, les députations défilèrent par pelottons, et toute l'armée par division.

La musique des corps resta constamment à la même place, pendant tout le temps qu'on défila.

Leurs Majestés retournèrent dans leurs appartemens et remontèrent en voiture.

Le cortège impérial, à son tour, prit le même chemin qu'il avoit suivi pour venir à l'Ecole Militaire.

Leurs Majestés, à leur retour, furent saluées par les différentes batteries, comme elles l'avoient été à leur départ et à leur arrivée.

Après la fête de la distribution des drapeaux au Champ-de-Mars, il y eut banquet aux Tuileries, dans la galerie de Diane. Les personnes invitées à ce banquet se sont réunies dans le salon du trône. Le grand-maréchal du palais ayant averti LL. MM. qu'elles étoient servies, elles se sont rendues dans la galerie avec le Pape, l'électeur souverain de Ra-

tisbonne, les princes, les princesses, les grands dignitaires, le corps diplomatique, et toutes les personnes
invitées.

Au milieu de la galerie, sur une estrade et sous un
dais, la table de LL. MM. étoit dressée.

L'Empereur étoit à la droite de l'Impératrice, et le
Pape à sa gauche; au retour de la table étoit l'Electeur
de Ratisbonne; le colonel-général de la garde, le
grand-chambellan et le grand-écuyer se tenoient débout
derrière l'Empereur; à droite et en avant de la table,
le grand-maréchal du palais, et plus bas, le premier
préfet; vis-à-vis de lui, à gauche de la table, le grand-
maître des cérémonies, et plus bas, un maître des
cérémonies, se tenoient aussi debout; les pages
servoient.

Des deux côtés de la table de LL. MM., étoit la
table des princes et princesses; une autre table qui n'étoit
occupée que par les membres du corps diplomatique,
celle des ministres et grands-officiers, et celle de la
dame d'honneur, et des dames et officiers de LL. MM.
et des princes et princesses.

Le dîner fini, LL. MM. se sont rendues dans la salle
où se trouvoient les personnes invitées au cercle; elles
ont été de-là dans la salle du concert.

Le concert fini, Sa Sainteté s'est retirée chez elle,
et a été reconduite par l'Empereur, jusqu'à la galerie
de Diane. Après le concert, on a exécuté un ballet;
LL. MM. sont ensuite rentrées dans le salon, et des
parties de jeu ont terminé la soirée.

PRÉSENTATIONS.

Leurs Majestés l'Empereur et l'Impératrice ayant résolu de recevoir toutes les députations venues à Paris, pour leur sacre, S. E. le grand aumônier a présenté, le mardi 13 frimaire, à Sa Majesté l'Empereur, tous les évêques et archevêques de l'Empire.

Les ministres, les grands officiers, les sénateurs et les conseillers d'état, étoient présens à cette audience, en grand costume. Sa Majesté, étant rentrée dans son cabinet, a reçu le serment des maréchaux, colonels-généraux et inspecteurs, grands-officiers de l'Empire, généraux, adjudans-généraux, colonels et capitaines de vaisseaux, qui se trouvent en ce moment à Paris, et qui n'avoient pas encore été admis à prêter serment entre ses mains.

Le 14, Sa Majesté l'Impératrice a reçu les archevêques et évêques de l'Empire, qui lui ont été présentés par son E. le grand aumônier.

Sa Majesté a reçu ensuite LL. EE. messieurs les maréchaux de l'Empire, MM. les colonels-généraux, et M. le président du Sénat.

Le 15 frimaire, à onze heures, les présidens des colléges électoraux de départemens ont été introduits par le grand-maître des cérémonies dans la salle du trône, où étoient présens les princes, les grands dignitaires, les ministres, les grands-officiers de l'Empire, les sénateurs et les conseillers d'Etat, et présentés à Sa Majesté par S. A. I. le prince Joseph, grand électeur.

A midi, les présidens de colléges électoraux d'ar-

rondissemens ayant été introduits de la même manière,
S. M. l'Empereur s'est entretenu avec la plupart d'en-
tr'eux.

A une heure, les préfets ayant été introduits par le
grand-maître des cérémonies, ont été présentés par
l'archi-chancelier de l'Empire : S. M. l'Empereur
les a presque tous entretenus pendant quelques instans.

A deux heures, les présidens des cours d'appel, et
les procureurs - généraux des cours d'appel et criminelles ayant aussi été introduits par le grand-maître
des cérémonies, et présentés par S. A. S. l'archi-chancelier de l'Empire, S. M. l'Empereur leur a donné
audience. Ensuite Sa Majesté a admis au serment
les présidens et procureurs-généraux des cours d'appel;
les préfets, les présidens et procureurs-généraux des
cours criminelles.

Le 16 frimaire, les présidens des conseils-généraux
des départemens, les sous-préfets, les députés des
colonies, les maires des trente-six principales villes,
les présidens de cantons, les présidens de consistoires
et les vice-présidens des chambres de commerce, se
sont réunis dans le Musée Napoléon, et se sont ensuite
successivement rendus au palais des Tuileries, dans
la pièce appelée la galerie de Diane, où ils ont été
introduits par le grand-maître des cérémonies. L'Empereur, après avoir parlé individuellement au plus
grand nombre de ces fonctionnaires, a adressé à chacune de ces autorités des discours d'autant plus faits
pour produire une impression profonde, qu'ils étoient
moins préparés et qu'ils partoient de l'ame ; aussi ont-
ils excité les plus vives acclamations et un enthousiasme universel.

L'Empereur s'est assis ensuite sur son trône, entouré de ses ministres, de ses grands-officiers, ayant à sa droite le sénat, à sa gauche le conseil d'état ; tous les divers fonctionnaires qui avoient été admis dans la galerie de Diane, ont passé devant lui dans la salle du trône, introduits par le grand-maître des cérémonies, et présentés successivement à S. M. par S. A. Impériale le prince Joseph, grand-électeur.

Le même jour, à midi et demi, MM. les préfets, des départemens, ont été admis à l'audience de S. M. l'Impératrice.

Le 17 frimaire, les députations de tous les corps des armées de terre et de mer , celles des gardes d'honneur et celles des gardes nationales, au nombre de plus de sept mille hommes, se sont réunies dans la grande galerie du Louvre, sous les ordres de M. le maréchal Murat , gouverneur de Paris. Le grand-maître des cérémonies ayant informé l'Empereur que M. le maréchal avoit réuni toutes les députations , S. M. s'est rendue dans la grande galerie, précédée par le grand-maître, par M. le maréchal Murat , par S. A. I. Mgr. le connétable , et suivie par S. A. I. Mgr. le prince Joseph , par les grands dignitaires et les grands officiers de sa maison.

L'Empereur a parcouru tous les rangs des députations , depuis la porte de la galerie de Diane, jusqu'à la salle des antiques , où il est descendu. En allant et en revenant, il s'est arrêté long-temps à chaque députation qui lui étoit présentée par le connétable ; l'Empereur parloit à tous les guerriers, acceptoit leurs pétitions, les entretenoit et de leurs anciens exploits et de leur position actuelle. Rien n'étoit plus nouveau,

plus

plus grand, plus fait pour exciter l'enthousiasme, que le spectacle de cette représentation, de toute la nation armée, rassemblée au milieu des monumens des arts de tout l'Univers. Dans cette collection nombreuse des tableaux les plus célèbres, le tableau le plus noble et celui qui fixoit toutes les attentions, étoit notre armée et son noble chef.

Après avoir passé sa revue, l'Empereur est allé se placer au milieu de la grande galerie, et il a harangué les députations, avec le noble langage et le ton animé d'un soldat vieilli dans les camps. Cette voix si connue de ces braves, a excité l'enthousiasme dans toutes les ames, et porté l'attendrissement dans tous les cœurs.

L'Empereur étant rentré dans ses appartemens, s'est ensuite assis sur son trône, entouré de ses ministres et de ses grands officiers ; le sénat étoit à la droite, le conseil d'état à la gauche du trône ; l'armée, ayant à sa tête le maréchal Murat, introduite par le grand-maître des cérémonies, et présentée à l'Empereur par Mgr. le connétable, a défilé devant le trône.

Le 18 à midi, MM. les membres de la cour de cassation, conduits par les maîtres et aides des cérémonies, ont été introduits à l'audience de l'Empereur, par M. le grand-maître des cérémonies, et présentés à S. M. par S. A. S. Mgr. l'archi-chancelier.

A une heure, MM. les membres de la comptabilité nationale ont été conduits et introduits de la même manière, et présentés à Sa Majesté par S. A. S. Mgr. l'archi-chancelier.

On a distribué aux présidens de collèges et de cantons, ainsi qu'aux fonctionnaires publics, appelés par lettres closes, des médailles d'argent et du plus grand modèle; elles représentent d'un côté la tête de *l'Empereur* couronné de lauriers. Cette tête, d'une ressemblance frappante, est d'un grand caractère et d'un très-beau relief. Le champ du revers est occupé par trois figures debout. La figure supérieure, revêtue des ornemens Impériaux, est élevée sur un pavois, soutenu par un magistrat, revêtu d'une toge, et par un citoyen armé; la légende offre ces mots : *le Sénat et le Peuple.*

Celles qui sont destinées aux députations militaires, sont du petit modèle, et semblables à celles qui ont été distribuées par des hérauts d'armes, le lendemain du couronnement, et dont nous avons parlé *page 25;* mais on les a frappées en or.

Sa Majesté l'Empereur a reçu le 20 l'Institut national des sciences et des arts, qui a été conduit et introduit dans la salle du trône, par le grand maître des cérémonies. S. M. s'est entretenue long-temps avec presque tous ses membres et les a tous accueillis très-favorablement.

Le 22 frimaire (13 décembre), S. M. l'Impératrice a reçu en corps le Sénat conservateur, qui lui a présenté son hommage.

Le même jour, les préfets et sous-préfets, les présidens des conseils de départemens et de cantons, et les autres fonctionnaires publics appelés à la cérémonie du sacre, se sont rendus à la galerie du Muséum, pour être présentés au Saint-Père. Là ils ont été divisés en provinces ecclésiastiques; et ceux des diocèses qui composent ces provinces, ont eu l'honneur d'être admis, diocèse par diocèse, à l'audience

de S. S. en suivant l'ordre alphabétique des métro-
poles, et ensuite des villes épiscopales. Sa Sainteté a
témoigné une vive satisfaction des sentimens reli-
gieux qui lui ont été exprimés par les préfets, au nom
de leurs administrés, et elle a successivement donné
sa bénédiction à toutes les députations qui lui ont été
présentées.

---

*Fête publique donnée le jeudi 22 frimaire, 13
décembre, par le Sénat conservateur, dans son
jardin, à l'occasion du couronnement de Sa
Majesté l'Empereur.*

A une heure après midi, plusieurs pelotons de
tambours et trompettes, après avoir parcouru le
quartier du Luxembourg, vinrent se placer sur les
terrasses des deux côtés du dôme du palais du Sénat,
sur la rue de Tournon, et y exécutèrent de quart-d'heure
en quart-d'heure des airs de triomphe.

A une heure et demie, deux corps de musiciens
militaires arrivant par la rue de Tournon, entrèrent
dans le jardin en jouant des airs de fête; une partie
se plaça dans le parterre, et l'autre parcourut le
jardin, en jouant les mêmes airs.

A trois heures il y eut concert d'harmonie, sous les
fenêtres de S. A. I., le prince Joseph, grand électeur.

A quatre heures, danses et walses dans les salles
disposées à cet effet sous les grands arbres.

A cinq heures, illumination générale dans le jardin,
et sur les façades du palais.

A six heures, concert d'harmonie en écho sur les
deux terrasses du palais, en face du parterre.

3 *

A sept heures, les trompettes, les tambours et les boëtes annoncèrent le feu d'artifice, dont le sujet étoit analogue au motif de la fête. Il fut tiré devant la grille principale du jardin, en face du Palais. Les danses et concerts continuèrent jusqu'à la fin de l'illumination.

Quoique le palais du sénat soit situé dans un quartier qui n'est plus le centre de la capitale, un concours immense d'habitans s'étoient portés vers ses jardins, de toutes les parties de la ville. L'affluence étoit extrême dès quatre heures de l'après-midi. Le plus grand ordre étoit établi, la plus parfaite sécurité a régné ; et dans le nombre immense de réunions de familles que l'on voyoit affluer par toutes les issues, on n'en cite aucune qui ait éprouvé le moindre accident.

Nous essaierons de donner une idée exacte de la disposition générale de la fête, et des décorations préparées avec autant de célérité que de goût, d'après les dessins de M. Chalgrin, architecte, et sons la direction de MM. les préteurs du sénat.

Une riche illumination régnoit sur toutes les lignes d'architecture du palais et des quatre pavillons qui accompagnent le corps principal. Les grilles de fer qui ceignent les élégans parterres du jardin, étoient, à hauteur d'appui, garnies de pots à feu, qui répandoient la plus brillante clarté. Au milieu du parterre, est un bassin creusé en forme de canal, entre deux prairies ; ce bassin étoit illuminé avec beaucoup d'art ; une île enflammée sembloit sortir des eaux, et y produisoit les plus brillans reflets.

Les terrasses qui s'élèvent en amphithéâtre autour des parterres, étoient garnies d'orangers figurés par l'illumination, tels qu'ils sont établis sur les mêmes terrasses dans la belle saison. Dans les allées chaque arbre étoit illuminé, et dans diverses parties du jardin étoient disposées de vastes salles de danse, où le concours a été constamment aussi nombreux qu'animé jusqu'à une heure avancée de la nuit.

Devant la façade du palais, près de la grille qui sépare l'ancien clos des Chartreux, étoit élevée une charpente d'une prodigieuse hauteur, représentant une montagne hérissée de rochers; au bas, de riantes prairies émaillées de fleurs et arrosées par des ruisseaux; en avant de cette décoration étoit le feu d'artifice, composé par Ruggiéri.

A sept heures précises, le feu a été tiré, et, répandant au loin une grande clarté, a laissé voir cette belle décoration. Bientôt, à un signal donné, la montagne faisant éruption, les rochers volèrent en éclats, et aussitôt parut sur leurs débris l'effigie de NAPOLÉON. Sur sa tête brilloit une flamme caractéristique du génie; à sa gauche, la victoire lui offrant une palme; à sa droite, la paix lui présentant l'olivier; à ses pieds, les riches productions de la terre, et des groupes de villageois sur le front desquels se peignoit le sentiment du bonheur.

Tel est le tableau qu'a éclairé un des plus beaux bouquets d'artifice dont on puisse se figurer la richesse de la composition.

Après le feu, le jardin est redevenu, pendant plusieurs heures, une promenade brillante et animée; le temps n'a contrarié les divertissemens que par intervalle, et la foule ne s'est totalement écoulée que fort tard, au son des instrumens qui avoient été réunis pendant la soirée, et dont les accords, se répétant dans les différentes parties du jardin, avoient produit l'effet le plus heureux.

Fête donnée par la Ville de Paris à Leurs Majestés Impériales.

Le dimanche, 25 frimaire, LL. MM. l'Empereur et l'Impératrice partirent du palais des Tuileries à trois heures pour se rendre à l'Hôtel-de-Ville dans l'ordre qui avoit été observé et avec le cortége qui les avoit accompagnées, le jour du couronnement et celui de la distribution des Aigles au Champ-de-Mars.

Les chasseurs à cheval de la garde et les mamelucks ouvroient la marche ; les grenadiers à cheval et la gendarmerie d'élite la fermoient.

Le cortége marcha au milieu d'une haie de troupes, traversa la place du Carousel, suivit les rues St.-Nicaise, St. - Honoré , du Roule et les quais jusqu'à l'Hôtel-de-Ville.

Le départ de LL. MM. des Tuileries fut annoncé par une salve d'artillerie ; elles furent saluées de même à leur arrivée à l'Hôtel-de-Ville.

Sa Majesté reçut, dans la route, avec la plus grande bonté , tous les placets qui lui furent présentés , et fut constamment accompagnée des cris de *vive l'Empereur et vive l'Impératrice !*

Cette fête a été le digne complément de celles qui ont eu lieu pour le couronnement. Paris a offert , dans ce beau jour, un spectacle magnifique, qui, lié aux plus grands souvenirs, éveilloit toutes les imaginations et charmoit tous les cœurs. Le génie des arts avoit conçu l'ensemble de la fête ; les dispositions en avoient été bien calculées ; le goût le plus ingénieux et la politesse la plus délicate en avoient embelli tous les détails. . . . .

Voici les dispositions générales et le détail des décorations. M. Molinos , architecte du département , auquel on doit le dessin général de la fête, avoit élevé dans la place de Grève deux édifices en charpente , destinés à prolonger l'ordre d'architecture du bâtiment, à former deux aîles nouvelles ; l'une en face de la Seine, et l'autre faisant face à l'Hôtel-de-Ville. Le dessin de cet édifice étoit absolument semblable à celui du bâtiment principal, avec cette exception , que les ornemens et les accessoires en étoient peut-être d'un goût plus moderne. L'intérieur de l'hôtel avoit pris une face toute nouvelle ; on n'y pénétroit plus que par de belles galeries fraîchement ornées , dans de vastes vestibules , et de magnifiques salles décorées avec le luxe le plus recherché.

La salle du trône offroit le plus beau coup-d'œil : elle forme un immense quarré long , à l'extrémité duquel s'élevoit un trône placé sous un dais. A la gauche , se trouvoit le fauteuil de l'Impératrice ; sur une des marches du trône étoit un guéridon sur lequel étoit placé un volume figuré , avec ces mots : CODE NAPOLÉON , emblême ingénieux, et l'un des titres les plus puissans de l'Empereur , à la reconnoissance des Français, et particulièrement à celle des nombreuses familles qui alloient se réunir au pied du trône. Toute cette salle étoit drapée, avec autant de richesse que d'élégance. Tous les paneaux garnis de glaces de la plus haute dimension , réfléchissoient une illumination brillante, dont un lustre énorme, élégant, malgré la richesse et le poids de ses crystaux, attiroit et multiplioit l'éclat.

La salle destinée au festin offert à LL. MM., étoit nommée la salle des Victoires, et la nature de ses décorations, des attributs, des tableaux et des inscriptions dont elle étoit chargée, justifioit moins encore cette dénomination, que le nom des personnages appelés à y prendre place sous les yeux de l'Empereur.

Sur la porte on lisoit : *Fasti Napoleoni*, et de distance en distance, séparées par des trophées militaires et des figures armées, des inscriptions latines qu'il seroit trop long de rapporter ici, rappeloient toutes les actions glorieuses de S. M., jusqu'à son avènement au trône.

Les autres salles de banquet offroient également des décorations analogues à l'objet de la fête ; celle des tableaux avoit pour décoration naturelle, les belles productions des arts dont elle est enrichie.

Dans les appartemens, les regards s'attachoient surtout sur deux bustes de l'Empereur et de l'Impératrice, à la ressemblance desquels on ne peut peut-être rien ajouter.

La toilette et le service offerts par la ville de Paris, à LL. MM. II., chefs-d'œuvre de ciselure, dont la matière, toute précieuse qu'elle est, cède encore au mérite du dessinateur et de l'artiste, étoient placés dans un cabinet particulier.

Des invitations de deux sortes avoient été adressées au nom de la ville de Paris. L'une comprenoit la journée entière et la cérémonie que devoit occuper la réception de LL. MM., l'autre le bal qui devoit suivre cette cérémonie. Les avenues étoient libres, faciles, et l'ordre le plus parfait établi.

Vers midi, l'assemblée a commencé à se former dans la salle du trône. Chaque personne invitée étoit reçue au haut de l'escalier par un des maîtres des cérémonies, introduite dans le vestibule, annoncée, et admise dans la salle : une partie des fonctionnaires publics étoient revêtus de leur costume ; les autres, ainsi que tous les hommes invités, portoient l'habit françois et l'épée. Les femmes étoient toutes mises avec celte décence qui embellit les grâces, cet éclat qui ne se sépare pas de l'élégance et la richesse qui appartenoient à une telle circonstance et à une telle réunion. Elles portoient toutes de belles étoffes françaises la plupart magnifiquement brodées ; le costume le plus général se rapprochoit beaucoup de celui des deux Médicis.

Vers une heure, l'assemblée complétée se trouvoit composée de ce que Paris renferme de familles distinguées dans les sciences, les lettres, les arts, et le commerce, des fonctionnaires publics et des chefs de toutes les parties de l'administration de Paris, d'une partie des fonctionnaires civils et militaires des départemens appelés à la fête du couronnement, des maires des 36 principales villes de l'Empire, d'une partie des députés des gardes nationales, et des gardes d'honneur qui se trouvoient encore dans la capitale.

A une heure, les dames ont été conduites dans la salle du déjeûner ; elles étoient au nombre de six cents, et seules assises ; les honneurs de ce banquet étoient faits par MM. du corps municipal , et par les hommes invités qui pouvoient circuler derrière les dames, les servir, et prendre ensuite les places qu'elles avoient quittées, ou se réunir à des buffets préparés dans d'autres salles.

Pendant ce déjeûner, M. le maréchal gouverneur de Paris est arrivé : il a été reçu au bas du grand escalier par MM. les membres du corps municipal.

Bientôt après convoqué à haute voix, le conseil municipal s'est formé dans une salle voisine de celle du banquet, et s'est mis en marche pour aller au devant de LL. MM., ayant à sa tête M. le maréchal gouverneur de Paris, M. le préfet du département, M. le préfet de police et les secretaires généraux de l'une et l'autre préfecture.

Ce cortège s'est rendu à pied jusqu'à la descente du Pont-Neuf où il a attendu LL. MM. A l'arrivée de leur voiture, M. le maréchal gouverneur a pris les ordres de l'Empereur, et le corps municipal s'est remis en marche, et s'est trouvé sur le perron de l'Hôtel-de-ville pour recevoir LL. MM. au moment où elles sont descendues.

L'assemblée étoit depuis peu d'instans rentrée et réunie dans la salle du trône, lorsque les décharges d'artillerie, et les cris *Vive l'Empereur!* qui s'élançoient de toutes les parties de la place, annoncèrent l'arrivée de LL. MM. Bientôt, en effet, elles ont paru, précédées des personnes de leurs familles, des grands dignitaires, des ministres, des grands-officiers de l'Empire, de ceux de la couronne, et du cortège qui avoit été à leur rencontre.

L'assemblée étoit debout, les acclamations les plus vives faisoient retentir la salle, lorsque LL. MM. prirent leurs places, et, sur les degrés du trône, les princes et les dignitaires, tous revêtus de leur grand costume de cérémonie.

M. le maréchal gouverneur a pris alors les ordres de l'Empereur, et M. le conseiller d'état préfet du département de la Seine a adressé à LL. MM. un discours dans lequel, après avoir rappelé à l'Empereur que dans ce même lieu où nos pères avoient autrefois témoigné leur attachement aux chefs de la nation, et qui naguères abandonné à la destruction, sortoit en quelque sorte de ses ruines, pour célébrer ce jour de lustration, il lui dit qu'il venoit déposer à ses pieds les témoignages les plus sincères et les moins équivoques de l'attachement des magistrats et des habitans de la capitale, pour sa personne sacrée, adressa les hommages de la reconnoissance, du respect et de l'admiration à S. M. l'Impératrice, pour ses vertus, et finit par féliciter la France de voir assises sur un même trône, les vertus qui font respecter le pouvoir et les grâces qui le font aimer.

Ce discours a été suivi des applaudissemens réitérés de toute l'assemblée.

L'Empereur a prononcé d'une voix que l'émotion et la sensibilité paroissoient avoir altérée, mais d'un ton paternel, et avec la plus touchante expression, une courte réponse dont voici le sens :

Messieurs du corps municipal, je suis venu au milieu de vous pour donner à ma bonne ville de Paris l'assurance de ma protection spéciale ; dans toutes les circonstances je me ferai un plaisir et un devoir de lui donner des preuves particulières de ma bienveillance ; car je veux que vous sachiez que dans les batailles, dans les plus grands périls, sur les mers, au milieu des déserts même, j'ai eu toujours en vue l'opinion de cette grande capitale de l'Europe, après toutefois le suffrage tout puissant sur mon cœur de la postérité.

Sa Majesté avoit à peine fini de parler, que les acclamations les plus vives ont éclaté à-la-fois de toutes parts, et que les signes les plus éclatans de l'allégresse ont retenti jusques dans la place, et y ont été répondus. C'est alors que les médailles frappées en mémoire de la fête ont été présentées à LL. MM. par M. le maréchal gouverneur.

LL. MM étant descendues du trône, se sont rendues chacune dans son appartement, en traversant la salle au milieu des cris vive l'Empereur, vive l'Impératrice. Un instant après, S. M. l'Impératrice est passée dans l'appartement de l'Empereur, où M. le maréchal gouverneur a fait à LL. MM. les présentations du corps municipal dans l'ordre suivant :

1°. MM. les conseillers d'état préfets de département et de police ; MM. les secrétaires généraux des deux préfectures ; MM. les membres du conseil de préfecture, et MM. les deux sous-préfets des arrondissemens de St.-Denis et de Sceaux.

2°. MM. les maires et adjoints des douze arrondissemens de Paris.

3°. MM. les membres du conseil général municipal, M. de Villeneuve, receveur général de la ville, et M. Bourdois, médecin du département et des prisons.

4°. MM. du conseil général d'administration de la commission du comité consultatif des hôpitaux, et MM. les administrateurs et directeurs du Mont-de-Piété.

5°. MM. de la chambre du commerce.

6°. MM. le directeur, les commissaires répartiteurs, le receveur général, les receveurs particuliers, percepteurs des contributions et les régisseurs de l'octroi.

7°. MM. du bureau d'administration et proviseurs, des Lycées de Paris.

8°. MM. les colonels de la garde nationale de Paris.

Au moment de la présentation du conseil municipal, M. PETIT, président, a aussi adressé un discours à Leurs Majestés.

Sa Majesté a accueilli les fonctionnaires qui lui étoient présentés avec la plus touchante bienveillance, et elle l'a portée jusqu'à annoncer elle-même à M. Méjean, secrétaire général de la préfecture, qu'elle avoit donné l'ordre que l'aigle de la légion d'honneur lui fût remise. La même faveur a été accordée à M. Rouillé-de-l'Etang, doyen du conseil-général, et à M. Champagne, proviseur du Lycée impérial de Paris.

Sa Majesté a daigné de plus annoncer à MM. les maires de Paris qu'elle étoit très-satisfaite de leur administration depuis quatre années, et qu'elle ne croyoit pouvoir leur en donner un témoignage plus authentique et plus flatteur, qu'en leur annonçant qu'elle nommoit au sénat M. Bévière, actuellement doyen des maires de la ville.

C'est à ce moment que les nefs du service de vermeil offert par la ville de Paris à LL. MM. II. leur ont été présentées.

Leurs Majestés ayant été informées qu'elles étoient servies, ont alors passé dans la salle des Victoires, en traversant dans celle du Trône, la haie formée par les membres du corps municipal et les dames invitées.

La table qui leur étoit destinée étoit élevée sur une estrade et placée sous un dais.

Les grands officiers de la couronne occupoient la place qui leur est assignée en raison de leurs fonctions: les pages servoient.

Une seconde table étoit placée dans la même salle sous les yeux de LL. MM. Elle étoit occupée par les personnes de la famille Impériale et les grands dignitaires.

Une troisième table, placée parallèlement à la seconde, étoit occupée par les ministres, les grands officiers de l'Empire, maréchaux, colonels et inspecteurs-généraux; M. François (de Neufchâteau), président du sénat; M. Defermont, le plus ancien président de section du conseil d'état; M. Fontanes, président du corps législatif; M. Fabre (de l'Aude), président du tribunat.

Dans une salle voisine, étoit une autre table occupée par les dames du palais, les chambellans, maîtres des cérémonies, et autres officiers du palais.

Pendant le dîner, et sans interruption, l'assemblée

a été admise à défiler dans la salle , en entrant par l'extrémité voisine de la table de LL. MM. , et en ressortant par l'autre extrémité , pour se rendre dans la salle du trône.

Un orchestre étoit placé dans le vestibule faisant face à LL. MM. Cet orchestre a exécuté , sous la direction de M. Plantade , membre du conservatoire , une symphonie d'Haydn , et un chœur dont les paroles sont de M. Propiac , archiviste du département de la Seine , et la musique de M. Plantade.

Après le dîner LL. MM. et leur suite sont descendues dans le salon élevé sur la place de l'Hôtel-de-Ville en face du quai ; là ont été admises la presque totalité des femmes invitées , et beaucoup d'hommes y ont aussi trouvé place.

C'est au milieu même de ce concours que LL. MM. se sont assises pour voir le feu d'artifice.

L'orchestre établi dans la place en avant de ce salon , et composé d'un nombre immense de musiciens , s'est fait entendre en ce moment : on y a chanté des strophes.

Ensuite , l'Empereur a mis le feu au dragon qui traversant la place avec la rapidité de l'éclair , est allé de l'autre côté de la rivière communiquer l'étincelle à l'artifice.

Là , d'immenses préparatifs avoient été faits ; un vaste amas de charpentes couvertes de toiles peintes , et placées les unes sur les autres , donnoit une idée du Mont Saint-Bernard , de ses sommets élevés , de ses affreux précipices , de ses routes difficiles et glacées.

On croyoit voir un volcan vomissant des flammes du milieu d'une montagne de glace. Au moment du bouquet , l'effigie de l'Empereur a paru éclatante de lumière. Il étoit à cheval , franchissant le sommet escarpé du Mont. Au même instant des flammes du Bengale éclairoient un vaisseau , emblême de la ville de Paris , qu'un artifice brillant dessinoit régulièrement avec tous ses agrès. L'effet de ce feu a été aussi beau que le dessin en étoit heureusement conçu.

Leurs Majestés rentrèrent , et après avoir plusieurs fois parcouru les diverses salles occupées par l'assemblée , rentrées dans celle du trône , elles ont permis que le bal s'ouvrît en leur présence.

Les acclamations de l'assemblée et le bruit de l'artillerie ont annoncé le départ de Leurs Majestés. Elles ont été reconduites jusqu'au-delà de la porte extérieure de l'Hôtel-de-Ville par M. le maréchal gouverneur et par le corps municipal. Il étoit plus de neuf heures.

Le cortège, dans le même ordre où il étoit venu, suivit les quais et rentra aux Tuileries par le Carrousel. Le bruit de l'artillerie annonça l'arrivée aux Tuileries de Leurs Majestés.

Après le départ de Leurs Majestés, le bal a continué et s'est prolongé jusqu'au lendemain cinq heures du matin. Au-dehors, l'illumination de la Ville et du nouvel édifice étoit magnifique. Sur les quais qui conduisent du palais des Tuileries à l'Hôtel-de-ville, étoient placés, de distance en distance, des colonnes illuminées qui faisoient de cette avenue une vaste galerie de feux.

Sur les places de Beauveau, Vendôme, des Victoires, du Marché-des-Innocens, du Marché-Neuf, de la Rotonde du Temple, de la Bastille, des Vosges, de la Fidélité (à St.-Laurent), de l'Estrapade, de l'Odéon, du Corps-Législatif, il y eut des feux d'artifices, des jeux publics, des illuminations magnifiques, des danses, etc. Les fontaines faisoient jaillir des flots de vin, et des loteries donnoient pour lots des bons aux porteurs qui étoient acquittés par des restaurateurs dont les buffets étoient chargés.

Il y eut une grande quantité de belles illuminations particulières. La journée fut magnifique, et le temps le plus serein favorisa les danses et les amusemens qui continuèrent toute la nuit.

Ainsi se termina une suite de fêtes magnifiques, dont le souvenir occupera long-temps la mémoire des habitans de la capitale, et celle des habitans des départemens qui en ont été témoins.

DE L'IMPRIMERIE DE LEFEBVRE, RUE DE LILLE, Nº. 688.

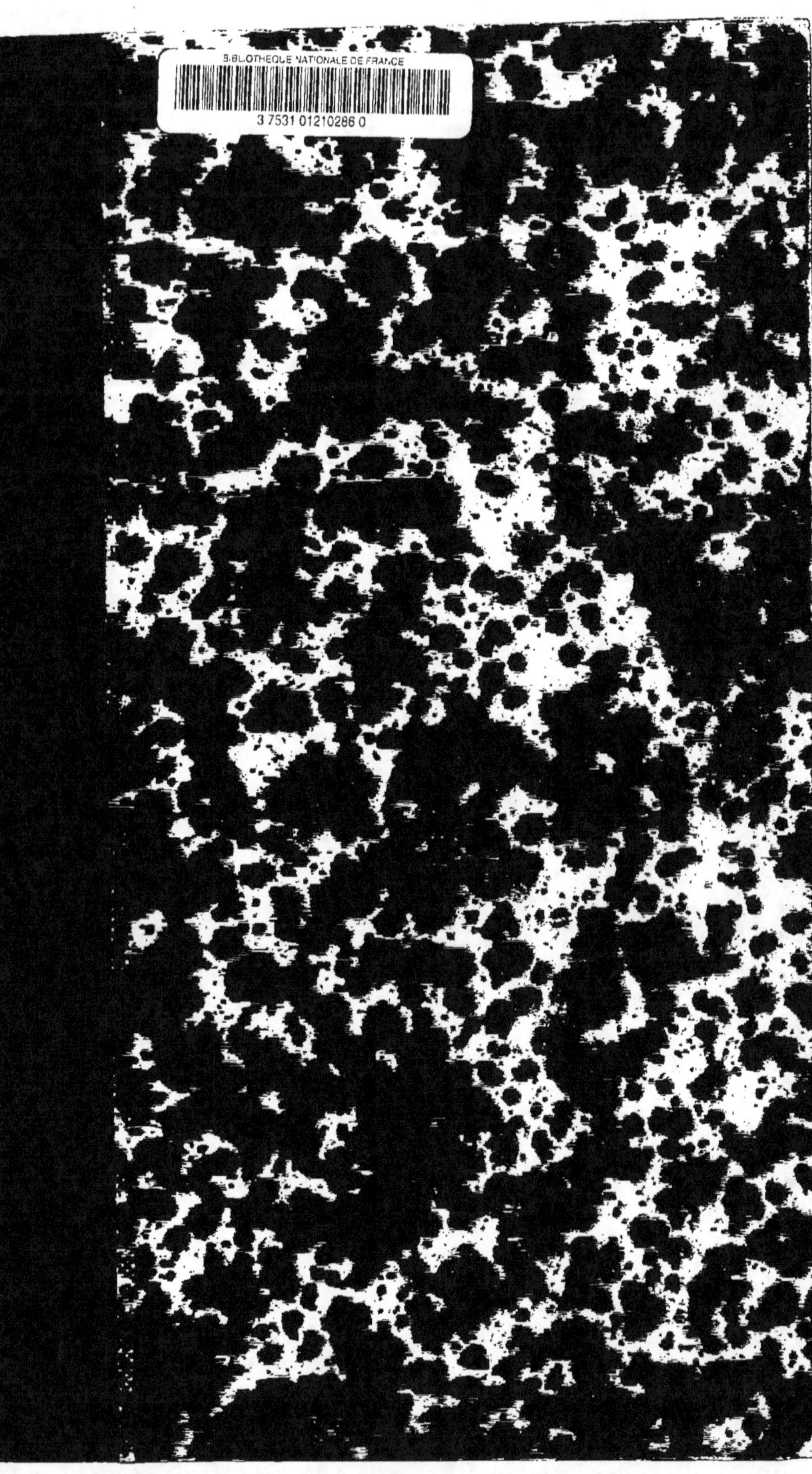
BIBLIOTHEQUE NATIONALE DE FRANCE
3 7531 01210286 0

www.ingramcontent.com/pod-product-compliance
Lightning Source LLC
LaVergne TN
LVHW050107060726
842524LV00003B/978